CK PORT

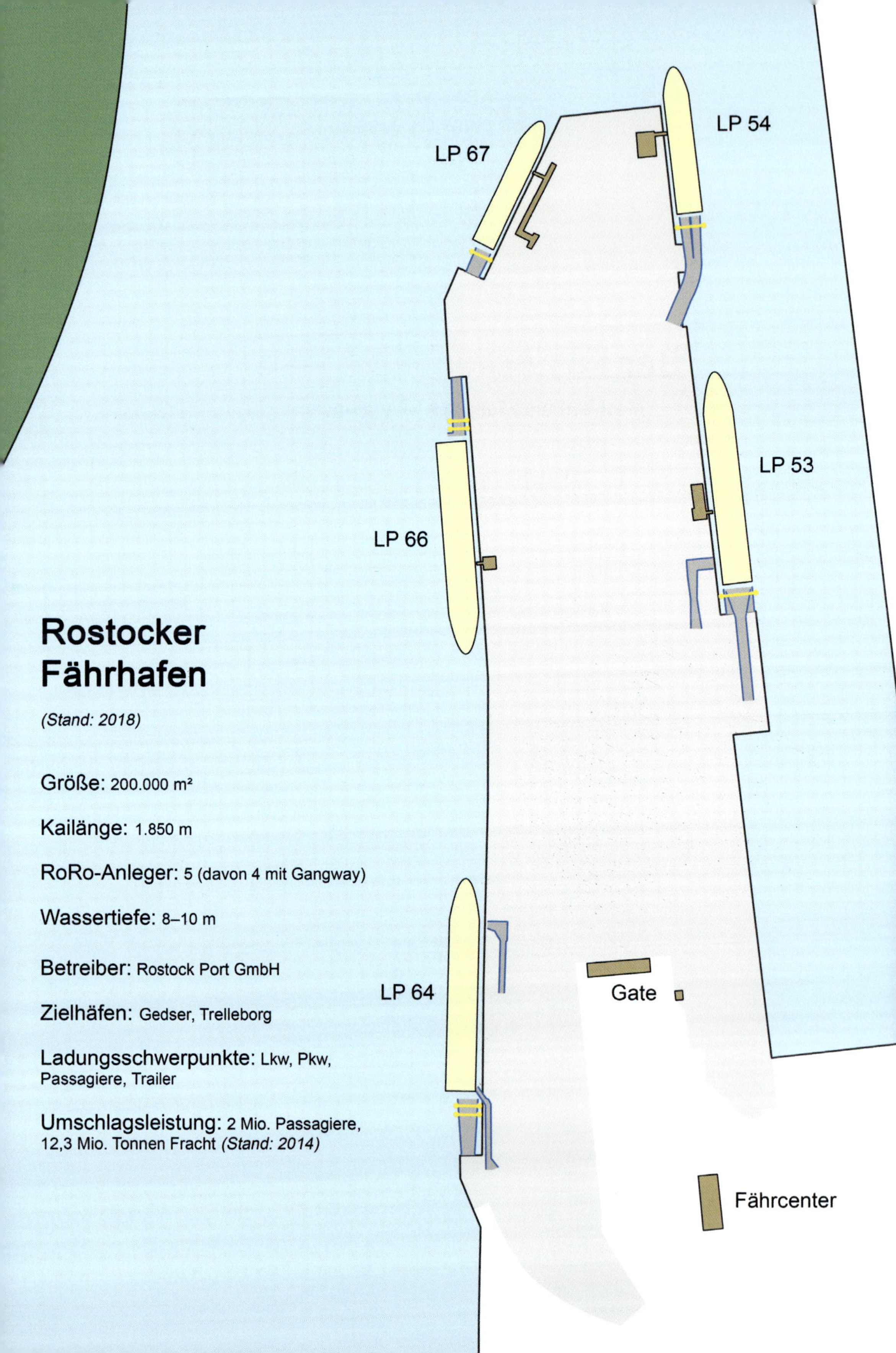

LP 54
LP 67
LP 53
LP 66
Rostocker Fährhafen
(Stand: 2018)
Größe: 200.000 m²
Kailänge: 1.850 m
RoRo-Anleger: 5 (davon 4 mit Gangway)
Wassertiefe: 8–10 m
Betreiber: Rostock Port GmbH
Zielhäfen: Gedser, Trelleborg
Ladungsschwerpunkte: Lkw, Pkw, Passagiere, Trailer
Umschlagsleistung: 2 Mio. Passagiere, 12,3 Mio. Tonnen Fracht (Stand: 2014)
LP 64
Gate
Fährcenter

Der Rostocker Fährhafen

Mecklenburgs Tor nach Skandinavien

Der Fotograf Lars-Kristian Brandt wurde im Sommer 1990 in Oldenburg in Holstein geboren und wuchs an Ostsee und Elbe auf. Das besondere Interesse an der Fährschifffahrt prägt ihn von Kindesbeinen an. Während seiner Ausbildung entstand die Idee, Hobby und Beruf zu vereinen und seine Bilder mit informativen Texten zu kombinieren. Bereits 2014 erschien im Sutton Verlag sein Buch „Der Skandinavienkai in Travemünde".

Lars-Kristian Brandt

Der Rostocker Fährhafen

Mecklenburgs Tor nach Skandinavien

SUTTON ZEITREISE

Die MECKLENBURG-VORPOMMERN liegt am LP 64 im Rostocker Überseehafen.

Einband vorn: Das schwedische Eisenbahnfährschiff SKÅNE in Rostock.
Vorsatz: Am LP 54 wird die BERLIN von Scandlines beladen.
Nachsatz: Die BERLIN durchquert den Rostocker Seekanal.
Einband hinten: Die PETER PAN der TT-Line manövriert rückwärts an den LP 53.

Impressum

Sutton Verlag GmbH
Hochheimer Straße 59
99094 Erfurt
www.suttonverlag.de

ISBN: 978-3-96303-031-4
Druck: Florjančič Tisk d.o.o. / Slowenien
Gestaltung und Herstellung: Sutton Verlag

INHALT

Danksagung

Allen, die zur Entstehung dieses Bildbands beigetragen haben, sei an dieser Stelle herzlich gedankt. Vor allem danke ich der ROSTOCK PORT GmbH für die Möglichkeit, das Hafengelände und das Archiv besuchen zu dürfen. Für das Bereitstellen von Fotomaterial bedanke ich mich bei Horst-Dieter Foerster, Dieter Streich, Kai Ortel und Stephan Krohn. Zudem danke ich meiner Partnerin Nele Freemann für die Unterstützung bei der Recherche und Gestaltung.

Bildnachweis

Archiv ROSTOCK PORT GmbH: S. 9 u, 11 o, 12 u, 13 o, 15 u, 16 u, 17 o, 17 u, 18, 19 o, 19 u, 20 u, 22 u, 23, 24 u, 25, 26 o, 26 m, 26 u, 27 o, 27 u, 28 o, 28 u, 29 o, 29 u, 30, 31, 32 o, 33 u, 35, 42, 43, 45 o, 45 u, 48 u, 49 o, 49 u, 50 o, 50 u, 54 u, 55, 56 o;

Dieter Streich: S. 10 o, 20 o, 21 o, 21 u, 22 o, 24 o, 32 u, 33 o, 34 o, 36, 37, 38 u, 46, 47;

Horst-Dieter Foerster: S. 14 o, 39 u, 48 o, 51 u, 52 u, 53 o, 54 o, 56 u, 57 o, 57 u, 58, 59, 60 u, 61 o, 61 u, 62 o, 62 u, 63, 64 o, 64 u, 66, 67 o, 67 u, 68, 69, 70 o, 70 u, 71 o, 71 u, 72 o, 72 u, 73 u, 75 u;

Kai Ortel: S. 34 u, 38 o, 39 o, 40 o, 40 u, 41 o, 41 u, 44 o, 44 u, 60 o, 65 o;

Stephan Krohn: S. 74 o;

Scandlines: S. 110 u, 115 u;

TT-Line: S. 113 u, 114 u;

Lars-Kristian Brandt: Einband vorn, Vorsatz, S. IV, 2, 4, 8, 65 u, 76 u, 77 o, 77 u, 78, 79 o, 79 u, 80, 82 o, 82 u, 83 o, 83 u, 84 o, 84 u, 85 o, 85 u, 86 o, 86 u, 87 o, 87 u, 88, 90 o, 90 u, 91 o, 91 u, 92 o, 92 u, 93 o, 93 u, 94 o, 94 u, 95, 96 o, 96 u, 97 o, 97 u, 98, 100 o, 100 u, 101 o, 101 u, 102 o, 102 u, 103 o, 103 u, 104 o, 104 u, 105 o, 105 u, 106, 108 o, 108 u, 109, 110 o, 111 o, 111 u, 112 o, 112 u, 113 o, 114 o, 115 o, 116, 118, Nachsatz, Einband hinten.

Vorwort

Jeden Tag passieren zahlreiche Reisende und Tonnen an Fracht den Rostocker Fährhafen. Für viele ist das Mecklenburger Tor nach Skandinavien nur eine kurze Zwischenstation beim Warten auf die Fähre, für andere wiederum ein ständiger Arbeitsplatz. Rund um die Uhr legen hier Fähren aus den skandinavischen Ländern an, löschen ihre Ladung, werden wieder beladen und nehmen anschließend Kurs in Richtung Norden. Ob bei Tag oder Nacht, der Hafen schläft nie.

Dieser Bildband erzählt die Geschichte des Rostocker Fährhafens von der Entstehung im Jahr 1990 bis heute. Kommen Sie mit auf eine Zeitreise durch die spannende Vergangenheit des größten Fährhafens in Ostdeutschland, erleben Sie, wie die großen Fähren den Hafen verlassen und folgen Sie ihnen auf ihrer Reise vorbei am Seebad Warnemünde, wo die Menschen auf den Molen den Schiffen zum Abschied winken!

Das Buch gliedert sich in drei reich illustrierte Hauptkapitel, die sich jeweils mit einem Jahrzehnt der Hafengeschichte befassen. In „Die 1990er-Jahre: Vom Hansakai zum Warnow-Terminal“ erfahren Sie, welche Auswirkungen die Grenzöffnung und die Wiedervereinigung auf den Rostocker Fährbetrieb hatten, und sehen auf teils bisher unveröffentlichten Bildern die rasanten Bauarbeiten am Warnow-Terminal, aber auch die Erölffnung des Trelleborg-Verkehrs. In dieser Zeit wurde der Hafen außerdem für größere Schiffe attraktiv gestaltet: durch den Ausbau des Seekanals, die Verbindung zwischen Unterwarnow und der Ostsee sowie die Zentralisierung der Fähranlage. In „Die 2000er-Jahre: Schnelle Fähren nach Finnland“ erfahren Sie, wie internationale Reedereien um neue Verbindungen in den hohen Norden konkurrierten und sich die neu eingesetzten Schiffe bezüglich ihrer Technik und Kapazitäten fortwährend übertrumpften. Das Kapitel „Die 2010er-Jahre: Hybridfähren nach Dänemark“ versetzt Sie in die jüngste Vergangenheit, in der Scandlines neue innovative Fährschiffe für seine Gedser-Route orderte und sich das südliche Ende des Fährhafengeländes durch den Bau eines Fährcenters und einer neuen Abfertigungslinie grundlegend veränderte. Auch neue Abgasverordnungen und die sich wandelnde Linienführung bei TT-Line gestalteten den Hafenalltag in den letzten Jahren lebendig und abwechslungsreich. Abgerundet wird dieser Bildband schließlich durch eine Auflistung der aktuell ab Rostock eingesetzten Fährschiffe. Hier finden Sie Seitenrisse und technische Daten im Steckbriefformat.

Mit diesem Buch konnte ich einmal mehr meinen Beruf als Fotograf mit meiner Leidenschaft für das Recherchieren und Schreiben verbinden. Im Mittelpunkt stehen deshalb nicht nur Momentaufnahmen aus dem Hafenalltag, sondern auch die Ergebnisse intensiver Quellenarbeit.

Lars-Kristian Brandt

Die COPENHAGEN von Scandlines ist derzeit das modernste Schiff im Rostocker Überseehafen.

1

Die 1990er-Jahre: Vom Hansakai zum Warnow-Terminal

Der Rostocker Hafen besteht bereits seit dem Mittelalter und war zur Zeit der Hanse ein wichtiges Drehkreuz für den Warenaustausch mit Skandinavien und dem Baltikum. Der erste Fährverkehr ab Rostock wurde 1903 vom Stadtteil Warnemünde in die dänische Stadt Gedser aufgenommen. Diese Verbindung war bis zu ihrer Einstellung 1995 Deutschlands älteste Eisenbahnfährverbindung nach Skandinavien.

Mit der Teilung Deutschlands in BRD und DDR verlagerten sich die Warenströme ab den 1960er-Jahren nach Westen. Fährverbindungen zwischen der Bundesrepublik Deutschland und den skandinavischen Ländern wurden ab 1962 vom neu gebauten Skandinavienkai in Travemünde in Betrieb genommen, dem östlichsten Hafen der BRD. In den folgenden Jahrzehnten boomten die Fährlinien ab Travemünde und die Schiffsgrößen überboten sich stetig. Bis zur Wende 1989 hielt dieser Trend an, doch mit der Öffnung der DDR-Grenzen verlagerten sich die Warenströme erneut. Plötzlich konnten die Bürger der Deutschen Demokratischen Republik frei reisen, und auch der Warenaustausch an den Grenzen war nun um ein Vielfaches einfacher. Als erste Reederei bekam GT-Link, die Fährschiffe zwischen Travemünde und Gedser betrieb, die Folgen der Grenzöffnung zu spüren. Mit der Konkurrenz durch die kürzere Seestrecke der Linie Puttgarden–Rødbyhavn konnte die Route Travemünde–Gedser noch konkurrieren, doch da nun mit der Linie Warnemünde–Gedser eine weitere kürzere Fährlinie hinzu kam, war die Strecke ab Travemünde nicht mehr lukrativ genug. Darum plante GT-Link, die Schiffe fortan ab Rostock einzusetzen. Ein weiterer Vorteil des geplanten Standortwechsels war der direkte Autobahnanschluss von und nach Berlin.

Die FALSTER LINK wurde 1969 unter dem Namen FREE ENTERPRISE IV für die Route vom britischen Dover ins französische Calais gebaut. Hier läuft sie den neu errichteten Ponton-Anleger am Liegeplatz (LP) 37 des Rostocker Überseehafens an.

Die zwischen Rostock und Gedser eingesetzte EUROPA LINK wurde 1966 unter dem Namen CHANTILLY im französischen Nantes gebaut.

In der Folge wurden erste Verhandlungen mit dem Rostocker Hafen geführt und die Marktsituation sehr genau überprüft. Im Sommer 1990 ließ man zu diesem Zweck die Fähren zu Probeanläufen nach Rostock fahren. Für den geplanten Verkehr zwischen Rostock und Gedser errichtete man am Liegeplatz 37 an der Pier II des Rostocker Überseehafens einen Ponton-Anleger, der mit vergleichsweise geringem finanziellem und zeitlichem Aufwand erbaut werden konnte. Für die Abfertigung von Kraftfahrzeugen und Passagieren nutzte man acht Bürocontainer an der Kaikante und gab der Anlage den Namen „Europabrücke I".

Eröffnet wurde die Linie Rostock–Gedser – und somit der erste Fährverkehr ab dem Rostocker Überseehafen – am 1. Oktober 1990 mit dem Fährschiff FALSTER LINK, das zuvor ab Travemünde eingesetzt worden war. Kurz darauf ergänzte die EUROPA LINK den Fährverkehr nach Gedser. Das dritte Schiff der GT-Link, die TRAVEMÜNDE LINK, war vorwiegend noch auf ihrer alten Route ab Travemünde verblieben, bevor sie nach der Einstellung der Verbindung Travemünde–Gedser zum 1. Januar 1991 endgültig nach Rostock wechselte. Im Frühjahr 1991 wurde sie allerdings aufgrund von Überkapazitäten auf der Route in der dänischen Stadt Nakskov aufgelegt. Am 1. April 1991 änderte man den nun nicht mehr passenden Reedereinamen „GT-Link" in „Europalinien" um, da „GT" für die Endpunkte Gedser und Travemünde stand. Vier Monate später, im August 1991, begannen im Überseehafen die Arbeiten für einen neuen Fähranleger am sogenannten Hansakai (LP 31), denn auch die zwischen Travemünde und Trelleborg fahrende Hamburger Reederei TT-Line plante einen Fährverkehr ab Rostock.

Am 1. Oktober 1990 rollten die ersten Fahrzeuge an Bord der FALSTER LINK, um ins dänische Gedser überzusetzen.

Wie beim Anleger der Gedser-Fähren wurde an diesem Liegeplatz ebenfalls ein Ponton-Anleger erbaut, auf dem die Schiffe ihre Bordrampe ablegen konnten. Als Abfertigungshalle diente das Gebäude eines ehemaligen Konsumladens.

Eingeweiht wurde die Linie ins schwedische Trelleborg am 9. Januar 1992 von der neu gegründeten Reederei TR-Line (Trelleborg-Rostock-Line), die zur TT-Line und DSR (Deutsche Seereederei) gehörte. Als erstes Schiff setzte man die gecharterte Passagier- und Fahrzeugfähre MARKO POLO ein. Bei ihrer Eröffnungsfahrt bot sie im Rahmen eines medienwirksamen Werbegags an, Pkw der Marke Trabant aus ganz Deutschland kostenlos mit an Bord zu nehmen. 266 Fahrzeuge kamen bei diesem Spektakel zusammen. Da die MARKO POLO im Herbst 1992 wegen eines Maschinenschadens in die Werft musste, wurde sie durch das Charterschiff WINSTON CHURCHILL der dänischen Reederei DFDS ersetzt. Um die Kapazitäten auf der Trelleborg-Linie weiter zu erhöhen, setzte die TR-Line kurze Zeit später anstelle der WINSTON CHURCHILL die DIANA II zwischen Rostock und Südschweden ein. An Sommerwochenenden verkehrte sie zudem nach Rønne auf der dänischen Insel Bornholm, bis sie 1994 in die nördliche Ostsee wechselte.

Ab dem 15. Januar 1992 wurde als zweites Schiff auf der Linie Rostock–Trelleborg die Frachtfähre KAHLEBERG eingesetzt. Sie war für diesen Zweck extra mit Fahrerkabinen und einer Cafeteria ausgestattet worden. Die beiden neuen Schiffe bewältigten täglich mehrere Überfahrten zwischen Deutschland und Schweden.

Im Frühjahr 1992 ersetzte die ROSTOCK LINK, die ehemalige TRAVEMÜNDE LINK, auf der Gedser-Linie die EUROPA LINK. Diese verließ Rostock in Richtung Mittelmeer, hieß später BALTAVIA und wurde bis 1994 gelegentlich zur Verstärkung oder Werftvertretung zwischen Rostock und Gedser eingesetzt.

Um den Rostocker Hafen auch für größere Schiffe attraktiver zu gestalten, plante man ab 1992 den Ausbau des Seekanals. Diese Verbindung zwischen Unterwarnow und der Ostsee sollte von bisher 80 Metern auf 120 Meter verbreitert und um 1,5 Meter auf insgesamt 14,5 Meter vertieft werden. Die Arbeiten begannen drei Jahre später und endeten am 2. August 1999. Der Seekanal war damit für Schiffe von bis zu 250 Metern Länge, 40 Metern Breite und 13,1 Metern Tiefgang passierbar.

Da der Fährverkehr ab Rostock stetig zunahm, entschied man sich 1992 außerdem dazu, die Fähranlagen zu zentralisieren und einen gemeinsamen Terminal zu schaffen. Baubeginn war im Herbst desselben Jahres auf der Pier I des Rostocker Überseehafens.

Am 3. Juni 1993 wurde der erste Anleger am neu erbauten Warnow-Terminal für Fährschiffe der Route nach Gedser in Betrieb genommen. Die hydraulisch regulierbare RoRo-Brücke von 27 Metern Länge, die auf der Rostocker Neptun-Werft erbaut worden war, ermöglichte am Liegeplatz 67 die Bedienung von Haupt- und Oberdeck der Gedser-Fähren. Der moderne Fährterminal bot außerdem eine Gangway und etwa 40.000 Quadratmeter Vorstellfläche für Kraftfahrzeuge.

Im Februar des Jahres 1994 starteten am Liegeplatz 64 die Bauarbeiten für eine neue Eisenbahnfährlinie ins südschwedische Trelleborg, betrieben von der Deutschen Fährgesellschaft Ostsee (DFO), deren Eigentümer die Deutsche Bahn AG war, sowie von SweFerry, einer Tochter der schwedischen Staatsbahnen.

Die KAHLEBERG der Reederei TR-Line liegt am LP 31 des Rostocker Überseehafens, dem sogenannten Hansakai.

Die GÖTALAND ist hier am neu errichteten LP 64 zu sehen. In die Hauptdeckrampe sind Gleise zum Verladen von Eisenbahnfahrzeugen eingelassen.

Dabei installierte man eine 60 Meter lange Fährbrücke mit in den Straßenbelag eingelassenen Gleisen und einer Verschiebeweiche für die Bedienung des Hauptdecks der Eisenbahnfähren. Außerdem errichtete man eine Seitenrampe für das Be- und Entladen des Oberdecks mit Kraftfahrzeugen. Beim Bau des Anlegers orientierte man sich an den Abmessungen der Fährschiffe der Königslinie, die zwischen Sassnitz und Trelleborg verkehrten, denn zwei von ihnen – die 5-Gleis-Fährschiffe ROSTOCK und GÖTALAND – sollten ab Rostock eingesetzt werden. Da zu diesem Zeitpunkt bereits größere Schiffe in Planung waren, stattete man den Anleger mit einer breiteren Fährrampe aus. Die Eröffnung des fertiggestellten Liegeplatzes erfolgte im Juni 1994.

Ab Herbst desselben Jahres bis zum Frühling 1995 war für die TR-Linie die NORD NEPTUNUS im Einsatz. Kurz darauf wurde sie durch die SAGA STAR ersetzt, um die Kapazitäten im Trelleborg-Verkehr weiter zu erhöhen. Ebenfalls im Herbst 1994 stieg die DSB, die Reederei der dänischen Staatsbahn, in den Liniendienst Rostock–Gedser ein. Zuvor war sie nur ab Warnemünde aktiv gewesen. Als Schiff kam die KNUDSHOVED zum Einsatz, der man zu diesem Zweck eine Bugrampe und eine interne Rampe als Verbindung zum oberen Fahrzeugdeck eingebaut hatte. Diese ermöglichten das Be- und Entladen mit Fahrzeugen am Liegeplatz 67 in Rostock. Die Europalinien setzten auf der Route nach Dänemark aufgrund des DSB-Einstiegs nur noch die ROSTOCK LINK ein. Die FALSTER LINK wurde im Rostocker Stadthafen aufgelegt.

Die TT-TRAVELLER liegt am LP 66. Sie wurde 1991 unter dem Namen STENA TRAVELLER gebaut und verkehrte bereits Anfang der 1990er-Jahre für TT-Line zwischen Travemünde und Trelleborg.

Zum 1. Januar 1996 war die Deutsche Seerederei (DSR) aus der TR-Line ausgestiegen, woraufhin diese den Namen des nun alleinigen Eigentümers TT-Line annahm. Gleichzeitig wurde die Abfertigung der Schiffe der TT-Line an den neuen Warnow-Terminal verlegt. Zwischen den bereits ausgebauten Anlegern 67 (Gedser-Fähren) und 64 (Eisenbahnfähre nach Trelleborg) war der neue Liegeplatz 66 entstanden, der mit einer hydraulisch verstellbaren RoRo-Rampe für die Bedienung des Hauptdecks und einer Vorstellfläche von 10.000 Quadratmetern für Kraftfahrzeuge ausgestattet worden war. Die RoRo-Rampe erhielt, wie schon am Anleger 64 praktiziert, in den Straßenbelag eingelassene Gleise. Die Anordnung der Schienen entspricht allerdings nicht der Symmetrie der Fährschiffe von DFO und SweFerry, sondern ist identisch mit der Passform am Travemünder Skandinavienkai, da die TT-Line dort bereits zwei Eisenbahnfähren betrieb, die jedoch bis dahin nur Pkw, Lkw und Omnibusse befördert hatten.

Im Frühjahr 1996 erweiterte TT-Line das Angebot um eine Schnellfähre. Der 37 Knoten (ca. 66 km/h) schnelle Katamaran DELPHIN verkehrte etwa 8 Jahre lang in nur 2 Stunden und 40 Minuten zwischen Rostock und Trelleborg. Reguläre Fährschiffe benötigten weiterhin 6 bis 7 Stunden. Für das Be- und Entladen in Rostock verholte man den Ponton vom ehemaligen Liegeplatz 31 zum Warnow-Terminal, installierte ihn zwischen den Liegeplätzen von DFO/SweFerry (LP 64) und TT-Line (LP 66) und vergab die Liegeplatznummer 65.

Im Mai 1996 übernahm die DSB (ab 1997 unter dem neuen Namen „Scandlines A/S“ aktiv) die Europalinien, zog kurz darauf die KNUDSHOVED ab und ersetzte sie durch die Schnellfähre BERLIN EXPRESS.

Bei einer Geschwindigkeit von 38 Knoten verkürzte sich mit ihr die Fahrzeit nach Gedser von um die 2 Stunden auf etwa 70 Minuten. Sie bediente die Route fortan gemeinsam mit der ROSTOCK LINK, gelegentlich kam die aufgelegte FALSTER LINK als Werftvertretung dazu. Da die Verkehre nach Schweden weiter zunahmen, ersetzte die DFO im Dezember 1996 auf ihrer Route nach Trelleborg die ROSTOCK durch die in Bremerhaven erbaute MECKLENBURG-VORPOMMERN, eine knapp 200 Meter lange kombinierte Eisenbahnfähre mit 6 Gleisen auf dem Hauptdeck. TT-Line tauschte 1997 die mittlerweile zu kleine KAHLEBERG durch die TT-TRAVELLER aus, die bis Anfang 2002 dort im Dienst blieb.

Im Juni 1998 entdeckte mit der Easy Line eine weitere Reederei die Route zwischen Rostock und Gedser für sich. Sie setzte dort die Doppelendfähre ANJA 11 ein (bis 1999 noch ANJA#11). Bereits im März zuvor hatte die am Großen Belt frei gewordene InterCity-Fähre KRONPRINS FREDERIK der Scandlines die Fährschiffe ROSTOCK LINK und FALSTER LINK ersetzt, um der neuen Konkurrenz auf dieser Strecke mit größerer Kapazität entgegenzuwirken. Anfangs legte Easy Line am Liegeplatz 54 an (einem Ponton-Anleger), doch ab November 1998 nutzte die Reederei den Liegeplatz 31, einen Ponton-Multifunktionsanleger mit stationärer Oberdeckrampe. Im Frühjahr des Jahres 1999 erweiterte Easy Line die Flotte durch die nahezu baugleiche Doppelendfähre GITTE 3.

Die Easy-Line-Fähre ANJA 11 am LP 31 des Rostocker Überseehafens. Bis 1996 nutzten die Fähren der TR-Line diesen Anleger.

Zu einer Reederei-Fusion kam es im Juli 1998, als sich die DFO und die Scandlines A/S (ehemals DSB) zur neu gegründeten Scandlines AG zusammenschlossen. Eigentümer waren zu jeweils 50 Prozent die Deutsche Bahn AG und das dänische Transportministerium. Um das Erscheinungsbild einheitlich zu gestalten, erhielten auch die Fähren der schwedischen SweFerry am Schornstein das neue Scandlines-Logo, ein auf der Spitze stehendes Dreieck in den Farben Rot, Blau und Gelb, das symbolisch für die drei Länder Dänemark, Schweden und Deutschland steht. Im Sommer desselben Jahres setzte SweFerry ihre neue 6-Gleis-Fähre SKÅNE zwischen Rostock und Trelleborg ein. Die GÖTALAND wurde daraufhin auf die Route Travemünde–Trelleborg verlegt.

Da mittlerweile die BERLIN EXPRESS auf der Linie Rostock–Gedser durch ihren hohen Treibstoffverbrauch und die geringe Fahrzeugkapazität unwirtschaftlich geworden war, ersetzte man sie Mitte 1999 durch die auf der Linie Puttgarden–Rødbyhavn nicht mehr benötigte DRONNING MARGRETHE II. Für ein Anlegen in Rostock hatte man ihr bereits zuvor die Bugrampe und die interne Rampe zum Oberdeck der KNUDSHOVED eingebaut.

1999 läutete die durch zwei Gasturbinen angetriebene, 33 Knoten schnelle FINNJET ein neues Kapitel im Rostocker Fährverkehr ein. Sie schaffte eine Verbindung zur finnischen Hauptstadt Helsinki und später auch zur estländischen Hauptstadt Tallin sowie nach St. Petersburg in Russland. Zum Anlegen nutzte sie anfangs den Liegeplatz 66 zusammen mit den Schiffen der TT-Line, später den Ponton-Anleger 54.

Zwei schnelle Fähren auf einen Blick: Im Vordergrund läuft die FINNJET in Richtung Helsinki aus, im Hintergrund liegt die zur Scandlines AG gehörende BERLIN EXPRESS am LP 67.

Die FALSTER LINK wird 1990 am LP 37 beladen. Sie wurde im Frühjahr 2006 im indischen Alang verschrottet.

Auf diesem Bild erkennt man im Hintergrund die simplen Abfertigungsanlagen der Reederei GT-Link. Sie bestanden lediglich aus einfachen Bürocontainern.

Ein kleines Hinweisschild an einem Lichtmast weist den Straßenfahrzeugen 1990 den Weg zum ersten Fähranleger im Überseehafen.

In diesen Containern befanden sich die Büros und die Fahrkartenausgabe für die Gedser-Fähren der GT-Link.

Die TRAVEMÜNDE LINK wurde unter dem Namen EUROPEAN GATEWAY für den Englischen Kanal gebaut. Ab 1988 stand sie im Dienst von GT-Link und wurde auf der Linie von Travemünde nach Gedser eingesetzt.

Die FALSTER LINK läuft in Warnemünde ein. Bevor sie 1988 für GT-Link eingesetzt wurde, hatte sie eine Bugklappe besessen, die beim Umbau in Landskrona einer Bugrampe weichen musste.

Das erste Fährschiff zwischen Rostock und Trelleborg, die 1973 als PETER WESSEL gebaute MARKO POLO, beim Beladen am Rostocker LP 31.

Die KAHLEBERG wurde 1983 in Wismar gebaut und verkehrte bis 1991 als reine Frachtfähre auf der Ostsee. Hier befindet sie sich 1992 am LP 31 (Hansakai).

Die DIANA II löste die WINSTON CHURCHILL auf der Route nach Trelleborg ab. In den Sommermonaten verkehrte sie zusätzlich nach Rønne auf der dänischen Insel Bornholm.

Die MARKO POLO auf dem Weg ins schwedische Trelleborg. Sie wurde von TR-Line nur im Jahr 1992 eingesetzt. Auch sie fuhr im Sommer nach Bornholm.

Beladung der FALSTER LINK am LP 37. Sie war 117,5 Meter lang, 19,5 Meter breit und konnte auf dem Fahrzeugdeck etwa 280 Pkw befördern.

Am Hansakai wird die von TR-Line gecharterte DIANA II beladen. Sie wurde ursprünglich als DIANA II AV SLITE für die Reederei Viking Line gebaut, darum auch die rote Färbung des Rumpfes.

ROSTOCK LINK

HANSAKAI
Rostock = Trelleborg
TR-Line
SHP
DIANA II
SLITE
SCANSPED

◂ Die ehemalige TRAVEMÜNDE LINK verkehrte ab 1992 als ROSTOCK LINK für die mittlerweile in „Europalinien" umbenannte Reederei GT-Link zwischen Rostock und Gedser.

Bau der seitlichen Oberdeckrampe am LP 64. Die Kaimauer aus den Anfangsjahren des Rostocker Überseehafens wurde komplett erneuert und später mit Fendern aus Gummi zum Auffangen der Schiffsstöße versehen.

◂ Beladung der DIANA II am Hansakai (LP 31). Das Abfertigungsgebäude rechts war ein ehemaliger Konsumladen.

Ein schwerer Schwimmkran hebt die bewegliche Sektion der Oberdeckrampe am LP 64 ein.

Der erste Hauptpfeiler des Hubportals wird eingehoben. Die Oberdeckrampe ist bereits fertiggestellt und wird diversen Belastungstests unterzogen.

Zu guter Letzt wird die schwere Hauptdeckrampe mithilfe von zwei Schwimmkränen eingebaut.

Die auf der Route Sassnitz–Rønne (Bornholm) eingesetzte RÜGEN wurde zu Anpassungsfahrten genutzt, da sie ähnliche Abmessungen wie die beiden künftig eingesetzten Fährschiffe ROSTOCK und GÖTALAND vorwies.

Die seitliche Oberdeckrampe am LP 64 liegt passgenau auf dem Oberdeck der RÜGEN auf.

Blick von der Oberdeckrampe am LP 64 in das Oberdeck der RÜGEN, das sowohl für Pkw als auch Lkw genutzt werden konnte.

Am 27. Juni 1994 setzt der Schwimmkran GOLIATH zur Eröffnung des LP 64 symbolisch einen Güterwaggon auf die Schienen.

Das Fährschiff ROSTOCK, eingesetzt von der DFO zwischen Rostock und Trelleborg, wird von einer Rangierlok mit Waggons beladen.

Auf diesem Bild verlässt die 100.000. Frachteinheit auf der Route Rostock-Trelleborg feierlich die für TR-Line gecharterte NORD NEPTUNUS am LP 31.

Die zuvor auf der Königslinie zwischen Sassnitz und Trelleborg eingesetzte GÖTALAND am Rostocker LP 64. Im Hintergrund legt die KAHLEBERG der TT-Line ab, dahinter erkennt man am LP 67 die FALSTER LINK.

NSA
KÜHNE & NAGEL

Am LP 31 wird die NORD NEPTUNUS entladen. Sie wurde 1977 als STENA TOPPER in Korneuburg (Österreich) gebaut und war 114,4 Meter lang.

Die KNUDSHOVED verkehrte von 1994 bis 1996 zwischen Rostock und Gedser. Sie war 109,2 Meter lang, 17,7 Meter breit und bot Platz für etwa 200 Pkw.

Der Katamaran DELPHIN wurde in Australien gebaut und ab 1996 zwischen Rostock und Trelleborg eingesetzt. Er konnte auf seinem Fahrzeugdeck etwa 175 Pkw transportieren. Auch Busse konnte er befördern.

Die zweite Schnellfähre am Rostocker Fährterminal, die spätere BERLIN EXPRESS, legt hier noch unter dem Namen KATTEGAT zu Anpassungszwecken am LP 67 an.

HANSA

HANSA
Hersteller
Neptun Industrie Rostock GmbH
Baujahr 1994

◄ Die GÖTALAND der schwedischen Reederei SweFerry war 182 Meter lang und 22,5 Meter breit. Für Eisenbahnwagen standen auf dem Hauptdeck 753 Meter Gleis zur Verfügung.

Pkw und Busse warten auf der Vorstellfläche darauf, dass die Beladung der im Hintergrund zu sehenden KNUDSHOVED zur Fahrt nach Gedser beginnt.

◄ Am LP 64 liegt die DFO-Fähre ROSTOCK. Vor ihr hat am LP 66 die SAGA STAR der TR-Line festgemacht.

ROSTOCK LINK

Die ROSTOCK LINK durchquert den Seekanal auf ihrer Fahrt nach Gedser.

Die KAHLEBERG läuft rückwärts an ihren Liegeplatz. Sie war 140,1 Meter lang, 20,5 Meter breit und verfügte über 840 Lademeter.

Die SAGA STAR wurde 1981 als SAGALAND in Schweden gebaut. Hier läuft sie noch mit der grauen Rumpfbemalung in Warnemünde ein.

Blick vom Sonnendeck der TT-TRAVELLER auf den LP 67, der für die Fähren nach Gedser genutzt wurde. Die türkisfarbene Brücke errichtete man, um das kreuzungsfreie Be- und Entladen an den beiden Anlegern 66 und 67 zu ermöglichen.

Der Katamaran DELPHIN durchquert den Rostocker Seekanal. Seine Spitzengeschwindigkeit lag bei 37 Knoten.

Die MECKLENBURG-VORPOMMERN wurde 1996 auf der Schichau Seebeckwerft in Bremerhaven gebaut und war zu dieser Zeit die größte kombinierte Eisenbahnfähre der Welt.

Die BERLIN EXPRESS im Jahr 1997 am LP 67. Im Hintergrund ist die FALSTER LINK zu sehen, die damals gelegentlich als Verstärkung zwischen Rostock und Gedser eingesprungen ist.

Die SAGA STAR läuft aus der Warnow in Richtung Trelleborg aus. Mittlerweile trägt sie die typische TT-Line-Bemalung auf weißem Rumpf.

Die zuvor auf dem Großen Belt eingesetzte Fähre KRONPRINS FREDERIK am LP 67. Ursprünglich als Eisenbahnfähre gebaut, beförderte sie zwischen Rostock und Gedser lediglich Straßenfahrzeuge und Passagiere.

Luftaufnahme des Rostocker Fährterminals
von Süden im Sommer 1998.

Die TT-TRAVELLER am LP 66. Sie verkehrte ab 1997 zwischen Rostock und Trelleborg und wurde im Januar 2002 durch die HUCKLEBERRY FINN ersetzt.

Die FALSTER LINK erreicht den Rostocker Überseehafen von Gedser kommend. Um die Fahrzeuge über die Heckrampe entladen zu können, muss sie vor dem Anlegen ein Wendemanöver vollziehen.

Die 6-Gleis-Fähre SKÅNE (links) wurde 1998 in Spanien gebaut und zusammen mit der MECKLENBURG-VORPOMMERN auf der Verbindung nach Trelleborg eingesetzt. Rechts daneben liegt am LP 66 die SAGA STAR der TT-Line.

Die KRONPRINS FREDERIK wartet am LP 67 auf ihre Beladung. Nachdem die feste Querung über den Großen Belt eröffnet worden war, lag sie zuvor einige Zeit in Nakskov auf.

Die BERLIN EXPRESS passiert in ihrer ersten Farbgebung den Rostocker Seekanal.

GEDSER - ROSTOCK

Am Anleger 54 ist die FINNJET festgemacht. Sie war 213 Meter lang, 24,5 Meter breit und wurde 1977 in Finnland gebaut.

Die ANJA 11 der Reederei Easy Line passiert das markante grün-weiße Leuchtfeuer auf der Warnemünder Westmole.

Um am LP 31 auch das Oberdeck der Easy-Line-Fähren be- und entladen zu können, errichtete man an der Kaikante eine simple Rampenkonstruktion. Auf dem Bild entlädt die GITTE 3 gerade ihre Fahrzeuge aus Gedser.

Im Seekanal treffen sich 1999 die aus Helsinki einlaufende FINNJET und die GITTE 3 auf ihrem Weg nach Gedser.

Die Vorstellflächen des Rostocker Fährterminals sind im Sommer gut gefüllt. Links erkennt man die FINNJET, die anfangs am LP 66 festmachte, und im Hintergrund am LP 67 die KRONPRINS FREDERIK.

Am LP 66 liegt die 154 Meter lange und 24,3 Meter breite TT-TRAVELLER der TT-Line.

2

Die 2000er-Jahre: Schnelle Fähren nach Finnland

Im Sommer des Jahres 2000 unterzeichnete der Rostocker Hafen mit der griechischen Reederei Superfast Ferries, einer Tochter der Attica Group, einen Vertrag über zwei neue Fährlinien: zum einen nach Södertälje in Schweden und zum anderen nach Hanko in Finnland. Die vier Schiffe, jeweils zwei pro Verbindung, waren bei der Howaldtswerke-Deutsche Werft GmbH (HDW) in Kiel in Auftrag gegeben worden. Das erste von ihnen, die SUPERFAST VII, nahm am 17. Mai 2001 den Betrieb auf der Linie nach Hanko auf. Zu diesem Zweck wurden am Liegeplatz 53 eine moderne Doppeldeckrampe für die Bedienung von Haupt- und Oberdeck, ein Abfertigungsgebäude mit Gangway sowie eine Vorstellfläche von 60.000 Quadratmetern errichtet. Ab Juli 2001 wurde die SUPERFAST VIII als zweites Fährschiff nach Hanko eingesetzt.

Nach einer Bauverzögerung eröffnete die SUPERFAST IX im Januar 2002 die Verbindung nach Södertälje. Sie verkehrte allerdings nur bis April desselben Jahres auf dieser Route, da die Reederei eine Ausschreibung für eine Fährlinie zwischen dem belgischen Zeebrügge und Rosyth in Schottland gewonnen hatte. Zusammen mit der SUPERFAST X, die ebenfalls für die Linie nach Södertälje vorgesehen war, wechselte die SUPERFAST IX auf die Schottland-Route.

Die SUPERFAST VIII läuft an einem Sommerabend in den Rostocker Seekanal ein.

Bereits im Dezember 2000 hatte Easy Line den Betrieb zwischen Rostock und Gedser eingestellt. Grund dafür waren die gescheiterte Umsetzung eines Betriebs auf der Linie Puttgarden–Rødbyhavn und die große Konkurrenz ab Rostock durch Scandlines. Mit der Außerdienststellung der GITTE 3 hatte sich der Niedergang von Easy Line schon im August 1999 abgezeichnet. Die bis zuletzt fahrende ANJA 11 wurde nach Auflösung der Reederei in Gedser aufgelegt und später verkauft. Ab dem Frühjahr 2001 setzte Scandlines auf der Route nach Gedser mit der PRINS JOACHIM ein Schwesterschiff der bereits seit 1998 dort verkehrenden KRONPRINS FREDERIK ein, um die Kapazitäten zu steigern.

Auch auf der Linie Rostock–Trelleborg veränderte sich die Flotte. So ersetzte TT-Line die beiden Fährschiffe SAGA STAR und TT-TRAVELLER durch die größeren, baugleichen Fähren TOM SAWYER (ab Oktober 2001) und HUCKLEBERRY FINN (ab Januar 2002), die zuvor ab Travemünde eingesetzt worden waren. Da der Einsatz einer Schnellfähre zwischen Rostock und Trelleborg nicht mehr wirtschaftlich war, nahm die Reederei ihren Katamaran DELPHIN (ab 2002 TT-DELPHIN) im Dezember 2004 aus dem Verkehr und verkaufte ihn später nach Saudi-Arabien.

Von einem ähnlichen Schicksal blieb auch die DRONNING MARGRETHE II nicht verschont. Der Betrieb des zu alten Fährschiffs auf der Gedser-Route lohnte sich inzwischen ebenfalls nicht mehr, sodass sie im Januar 2005 aus dem Liniendienst ausschied und in Indien verschrottet wurde.

Die KRONPRINS FREDERIK am LP 67. Sie ist 152 Meter lang und 23,7 Meter breit.

Die FINNLADY, eines der fünf Star-Klasse-Schiffe, am LP 53. Sie verkehrte zwischen Rostock und Helsinki.

Aufgrund der zu hohen Betriebskosten ihres Gasturbinenantriebs und der mittlerweile langen Einsatzzeit wurde auch die FINNJET im September 2005 außer Dienst gestellt und verkauft.

Mitte November 2005 kehrte die SUPERFAST IX von der Schottland-Route zurück und verstärkte als drittes Schiff die Linie nach Hanko. Im Frühjahr des darauffolgenden Jahres kaufte die estnische Reederei Tallink die drei Fähren SUPERFAST VII, SUPERFAST VIII und SUPERFAST IX auf. Ab Januar 2007 steuerte man als finnischen Zielhafen nicht mehr Hanko, sondern Helsinki an. Der Grund dafür war, dass Tallink von dort aus alle Finnlandfähren betrieb. Darüber hinaus hatte man die Linie erweitert, sodass nun auch der estnische Hafen Tallin angelaufen wurde.

Auf der Linie nach Gedser verzeichnete man mittlerweile Engpässe im Lkw-Transport, weshalb Scandlines ab Oktober 2007 für etwa ein Jahr die ROSTOCK einsetzte. Es handelte sich bei diesem Fährschiff um die 1981 zwischen Travemünde und Gedser in Dienst gestellte TRAVEMÜNDE, die für die flachen Gewässer vor Gedser maßgeschneidert war.

Im Dezember 2009 erweiterte die Reederei Finnlines ihr Angebot, indem sie die zwischen Travemünde und Helsinki fahrenden Fährschiffe der Star-Klasse zusätzlich ab Rostock einsetzte. Bis Oktober 2012 verkehrten alle fünf Schiffe der Star-Klasse, die FINNSTAR, FINNLADY, FINNMAID, NORDLINK und die EUROPALINK, im Wechsel ab Travemünde und Rostock nach Helsinki.

Das Lotsenversetzboot folgt der auslaufenden FINNJET, um den an Bord befindlichen Lotsen abzuholen. Im Hintergrund liegt im Warnemünder Fährbett die DRONNING MARGRETHE II.

Zum Entladen nutzten die Fährschiffe der Easy Line einen Ponton-Anleger am LP 31, an dem 1992 die erste Fährlinie nach Trelleborg gestartet war.

Die Fahrzeuge werden am Anleger 67 von der DRONNING MARGRETHE II über die nachträglich eingebaute Bugrampe entladen.

Die SUPERFAST VII wird am Doppelstockanleger 53 entladen. Die drei nahezu baugleichen Superfast-Fährschiffe waren 203 Meter lang, 25 Meter breit und erreichten eine Geschwindigkeit von 28 Knoten.

Die TOM SAWYER (hier am LP 66) wurde 1989 als Frachtfähre ROBIN HOOD gebaut und 1993 zur Passagierfähre NILS HOLGERSSON umgewandelt. 2001 stattete man sie wieder für den Einsatz als Frachtfähre aus.

Die DRONNING MARGRETHE II wurde 1973 in Nakskov gebaut, war 144,7 Meter lang und 17,7 Meter breit.

Während eines Umbaus hatte man die Kommandobrücke der FINNJET erweitert, wodurch sich ihre Front deutlich veränderte. Hier ist sie am LP 54 zu sehen.

Die SUPERFAST VIII läuft in den Rostocker Überseehafen ein.

SUPERFAST

Am LP 67 liegt die PRINS JOACHIM, das nahezu baugleiche Schwesterschiff der KRONPRINS FREDERIK.

Um die Kapazitäten auf der Route nach Gedser zu erhöhen, setzte Scandlines ab 2007 zusätzlich die ROSTOCK ein.

Nach der Übernahme durch die estnische Reederei Tallink im Jahr 2006 änderte sich der Schriftzug an den Bordwänden der Superfast-Fähren.

Die 1995 gebaute NILS DACKE der TT-Line bediente gelegentlich, neben ihrer Stammroute ab Travemünde, die Linie Rostock–Trelleborg.

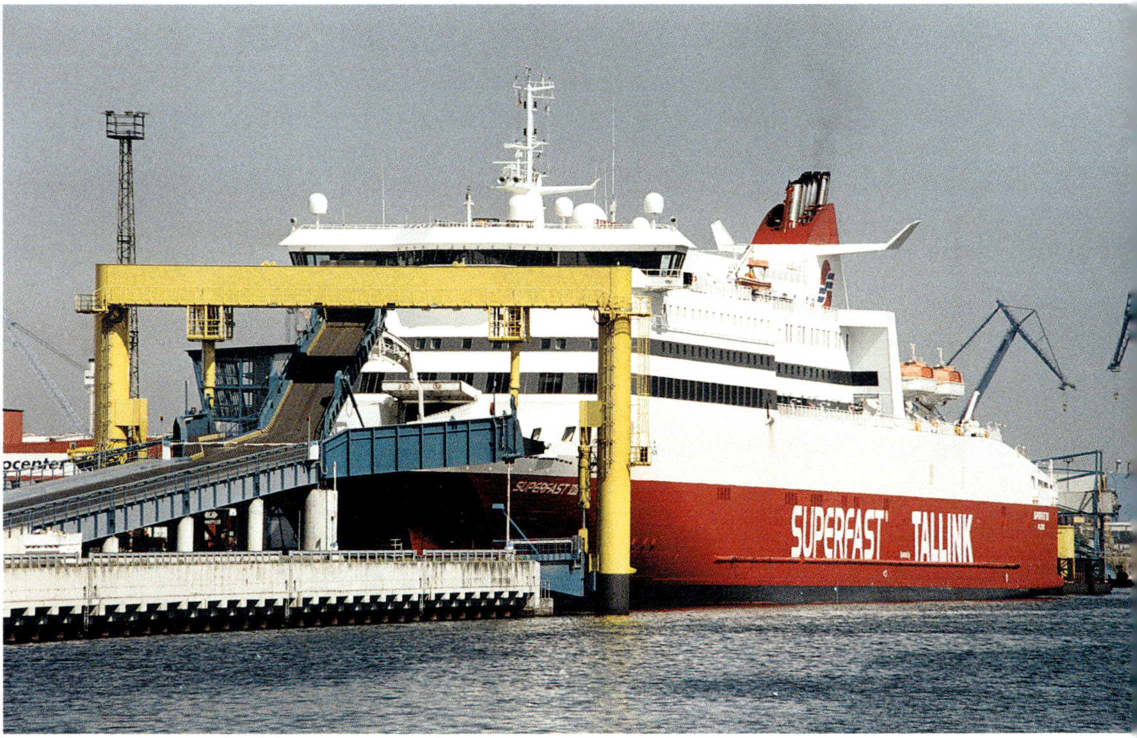
SUPERFAST TALLINK

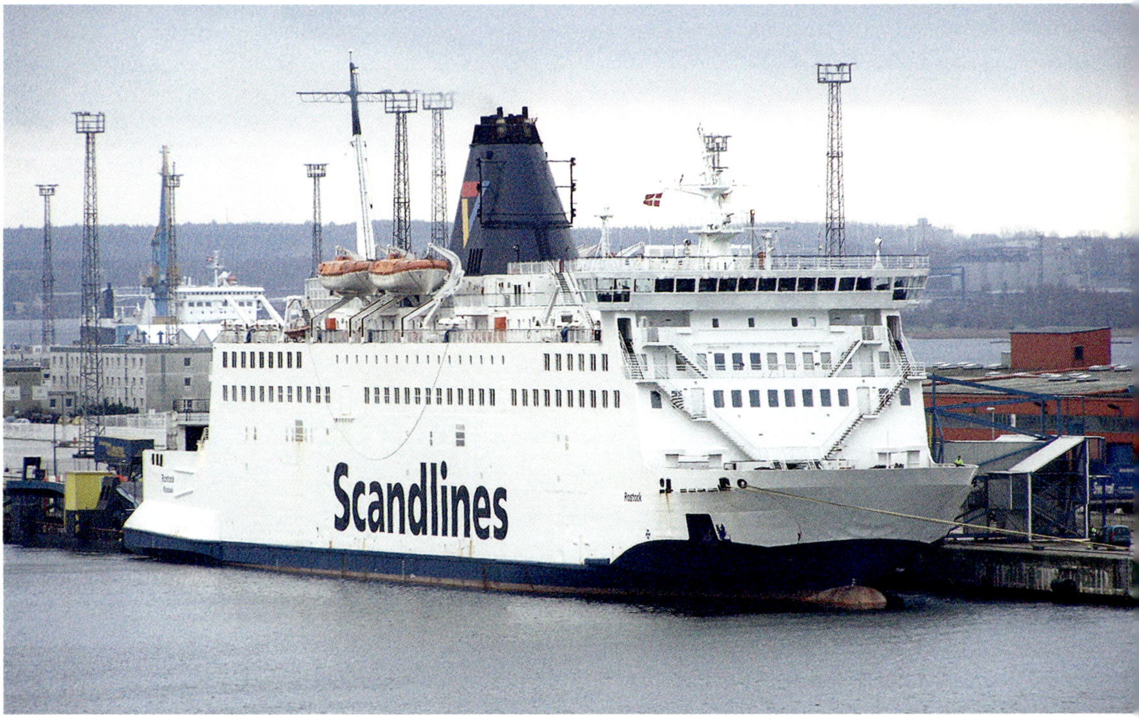
Scandlines

◄ Damit das obere Fahrzeugdeck der in Rostock mit dem Bug anlegenden Superfast-Fähren entladen werden konnte, hatte man auf der Oberdeckrampe des LP 53 eine zusätzliche Rampe montiert.

Die TOM SAWYER wird am LP 66 vom längsseits festgemachten Tankschiff DETTMER TANK 85 mit Treibstoff versorgt.

◄ Die ROSTOCK der Reederei Scandlines wurde 1981 in Helsinki gebaut, war 141 Meter lang und 23 Meter breit.

Die HUCKLEBERRY FINN, das Schwesterschiff der TOM SAWYER, erreicht an einem windigen Nachmittag Warnemünde.

Bis 2005 legte am Ponton am Anleger 54 die FINNJET an. Hier sieht man ihn von Bord der auslaufenden SUPERFAST VII.

Die PRINS JOACHIM am LP 67. Die beiden absenkbaren Heckrampen hatte man speziell für den Einsatz zwischen Rostock und Gedser eingebaut.

Im Herbst 2003 liegt die Frachtfähre PETERSBURG als Auflieger fest vertäut am Rostocker LP 54.

Die PRINS JOACHIM läuft aus Gedser kommend in den Rostocker Seekanal ein.

Am LP 66 wird die rollende Fracht der TT-Line Fähre NILS DACKE aus Trelleborg entladen.

Während die TOM SAWYER am LP 66 beladen wird, schiebt sich die kombinierte Eisenbahnfähre MECKLENBURG-VORPOMMERN rückwärts an ihren Anleger.

FINNST

Die Finnlines-Fähre FINNSTAR am frühen Morgen im Rostocker Seekanal.

An einem milden Sommerabend steuert die MECKLENBURG-VORPOMMERN rückwärts ihren Liegeplatz an.

Die FINNLADY der Reederei Finnlines ist eines von fünf baugleichen Fährschiffen. Sie ist 218 Meter lang und 30,5 Meter breit.

Seit 2007 tragen die Superfast-Fähren am Rumpf den neuen Reedereischriftzug „Tallink“. Im Hintergrund wendet die Scandlines-Fähre SKÅNE.

Die Star-Klasse-Schiffe der Finnlines werden am Anleger 53 abgefertigt, da nur dort auch das Oberdeck be- und entladen werden kann.

Die TOM SAWYER vollzieht ihr Wendemanöver vor der Pier I des Rostocker Überseehafens.

Das Lotsenversetzboot KLAASHAHN im Rostocker Seekanal vor der mächtigen Finnlines-Fähre FINNSTAR.

3

Die 2010er-Jahre: Hybridfähren nach Dänemark

Im Januar 2010 stellte Tallink den Betrieb auf der Linie Rostock–Helsinki vorerst ein. Die Gründe dafür waren die starke Konkurrenz durch die neue RoRo-Verbindung von Scandlines zwischen Rostock und Hanko, der Parallelbetrieb durch die Star-Klasse-Schiffe von Finnlines und die Werftaufenthalte der SUPERFAST VII und SUPERFAST VIII. Die SUPERFAST IX hatte ihren Dienst ab Rostock aufgrund der Scandlines-Konkurrenz bereits im August 2008 beendet. Nachdem man die Verbindung mehrfach wiederaufgenommen hatte, gab Tallink die Linie im August 2011 endgültig auf.

Im März 2010 bestellte Scandlines bei den P+S Werften in Stralsund zwei neue Fährschiffe für die Verbindung Rostock–Gedser. Die bislang dort eingesetzten Fähren KRONPRINS FREDERIK und PRINS JOACHIM verfügten lediglich über ein Fahrzeugdeck und konnten den stetig wachsenden Verkehr nicht mehr bewältigen. Im Frühjahr 2011 begann man mit den Bauarbeiten am Liegeplatz 54 für die neue Fährschiffgeneration, die mit Haupt- und Oberdeck ausgestattet wurde. Um Platz für die erforderlichen Vorstellflächen zu schaffen, musste zudem die Kaihalle 8 abgerissen werden. Die Kosten für die Doppeldeckrampe, die Gangway, die Vorstellfläche und das moderne automatische System zum Festmachen der Schiffe am Kai beliefen sich auf insgesamt 22 Millionen Euro. Die Arbeiten wurden im Frühjahr 2012 erfolgreich abgeschlossen.

Im Vordergrund dieser Aufnahme sieht man die Baustelle am Anleger 54 für die neuen Scandlines-Fähren nach Gedser. Im Hintergrund befindet sich am LP 53 die NORDLINK.

Die in den Sommermonaten für Scandlines fahrende MERCANDIA VIII stammt aus der gleichen Bauserie wie die um die Jahrtausendwende eingesetzten Fähren der Easy Line.

Gleichzeitig errichtete man am südlichen Ende des Fährhafengeländes ein neues Fährcenter mit Ticketausgabe, Sanitäreinrichtungen, Reedereibüros und einem Wartebereich für Fußgänger, die auf den Shuttlebus zum Fährschiff warten. Auch die Abfertigungslinie mit den Ticketschaltern zum Einchecken von Kraftfahrzeugen wurde komplett neu gebaut und die alte Anlage abgerissen.

Mitte 2012 verkaufte Scandlines seine Frachtrouten an Stena Line, um sich auf die Verbindungen Puttgarden–Rødbyhavn, Rostock–Gedser und Helsingør–Helsingborg zu konzentrieren. Davon war unter anderem auch die Route Rostock–Trelleborg betroffen. Kurz darauf erhielten die MECKLENBURG-VORPOMMERN und die SKÅNE die neuen Logos der Stena Line. Da sich die Auslieferung der von Scandlines georderten Schiffe für die Gedser-Route wegen finanzieller Schwierigkeiten bei der Stralsunder Werft verzögerte, setzte man im Sommer 2012 die von der Linie Helsingør–Helsingborg gecharterte MERCANDIA VIII als Verstärkung ein. Noch im November desselben Jahres stornierte Scandlines die Bestellung bei den P+S Werften, da es dort zu weiteren Problemen kam. So hatten die Schiffsbauten nicht nur Probleme mit den Abgasleitungen, sondern aufgrund eines zu hohen Gewichts auch zu viel Tiefgang für die Einfahrt in die flache Fahrrinne von Gedser. Im Januar 2014 kaufte Scandlines die unvollendeten Schiffsbauten der mittlerweile insolventen Werft für 31,6 statt vormals 184 Millionen Euro. Das eingesparte Geld nutzte man, um die Fähren auf der Fayard-Werft im dänischen Munkebo umbauen zu lassen. Dabei wurden die oberen beiden Passagierdecks entfernt und durch ein leichteres Deck ersetzt.

Zusätzlich erhielten die Fähren ein modernes Hybrid-Antriebssystem, das während der Fahrt Energie speichert und bei Bedarf an die Antriebe abgibt. Um den neuesten Abgasrichtlinien zu entsprechen, baute man außerdem Abgaswäscher (sogenannte Scrubber) ein, die den Schwefelausstoß drastisch reduzieren sollten. Bis zur Indienststellung der Schiffe als BERLIN und COPENHAGEN im Mai bzw. Dezember 2016 verstärkte – wie schon 2012 – die MERCANDIA VIII in den Sommermonaten die Route Rostock–Gedser.

Im Oktober 2012 ersetze die FINNEAGLE von Finnlines die Schiffe der Star-Klasse auf der Route nach Helsinki. Diese fuhren anschließend nur noch ab Travemünde nach Helsinki (FINNSTAR, FINNLADY, FINNMAID) oder Malmö (NORDLINK). Die EUROPALINK wurde bis 2018 für den Finnlines-Mutterkonzern Grimaldi im Mittelmeer eingesetzt. Schon im November 2012 löste die TRANSEUROPA die FINNEAGLE auf der Helsinki-Route ab und bediente diese bis Oktober 2013. Es folgte die nahezu baugleiche TRANSRUSSIA (ab Januar 2014 FINNHANSA). Nachdem der Passagierverkehr auf dieser Verbindung im September 2014 eingestellt worden war, verkehrten fortan nur noch RoRo-Frachtschiffe zwischen Rostock und Finnland.

Aufgrund von Engpässen am Rostocker RoRo-Terminal legten des Öfteren die Frachteinheiten von Finnlines am Fährterminal an. Hier sieht man die FINNMILL am LP 53.

Ab Januar 2014 veranlasste die TT-Line eine Neuerung in der Linienführung. Die Fähren NILS HOLGERSSON, PETER PAN und ROBIN HOOD legten auf der Route Travemünde–Trelleborg nun an einigen Tagen zusätzlich einen kurzen Stopp zum Be- und Entladen in Rostock ein. Die Rostocker Stammfähren TOM SAWYER und HUCKLEBERRY FINN verkehrten außerdem an einigen Wochentagen von Trelleborg nach Travemünde. Da die NILS HOLGERSSON und PETER PAN für das Beladen des Oberdecks einen Doppelstockanleger benötigten, entschied man sich 2015 dazu, den Liegeplatz 53 für alle Fähren der TT-Line zu nutzen. Die seitliche Rampe, die für das Beladen des Oberdecks der TOM SAWYER und HUCKLEBERRY FINN notwendig war, wurde am bisher genutzten Liegeplatz 66 demontiert und am Liegeplatz 53 wieder aufgebaut.

Am 23. Mai 2016 löste – nach langjähriger Verzögerung – der Scandlines-Neubau BERLIN die PRINS JOACHIM ab, die anschließend ins Mittelmeer veräußert wurde. Am 21. Dezember desselben Jahres wurde auch die COPENHAGEN, das Schwesterschiff der BERLIN, in Dienst gestellt. Die KRONPRINS FREDERIK wechselte auf die Route Puttgarden–Rødbyhavn, auf der sie an verkehrsstarken Tagen die Transportkapazitäten erhöht. Für die Linie Rostock–Gedser steht sie weiterhin als Reservefähre zur Verfügung.

Der zweite Scandlines-Neubau, die Hybridfähre COPENHAGEN, am LP 54.

Die NILS HOLGERSSON wurde 2001 in Bremerhaven gebaut und auf der Linie Travemünde–Trelleborg eingesetzt. Seit 2014 bedient sie zusätzlich den Rostocker Fährhafen.

Die MECKLENBURG-VORPOMMERN wird am LP 64 entladen. Rechts erkennt man die aufgelegte Oberdeckrampe zum oberen Fahrzeugdeck.

Vom Westufer der Warnow gesehen, zeigt sich die kombinierte Eisenbahnfähre SKÅNE an einem kühlen Novembernachmittag am LP 64.

Die TT-Line-Fähre HUCKLEBERRY FINN startet am LP 53 ihre Maschinen zur Fahrt nach Trelleborg. Vor ihr liegen etwa sechs Stunden Fahrt.

Diese Aufnahme entstand von der Oberdeckrampe am Anleger 64. Dort liegt die MECKLENBURG-VORPOMMERN der Reederei Stena Line.

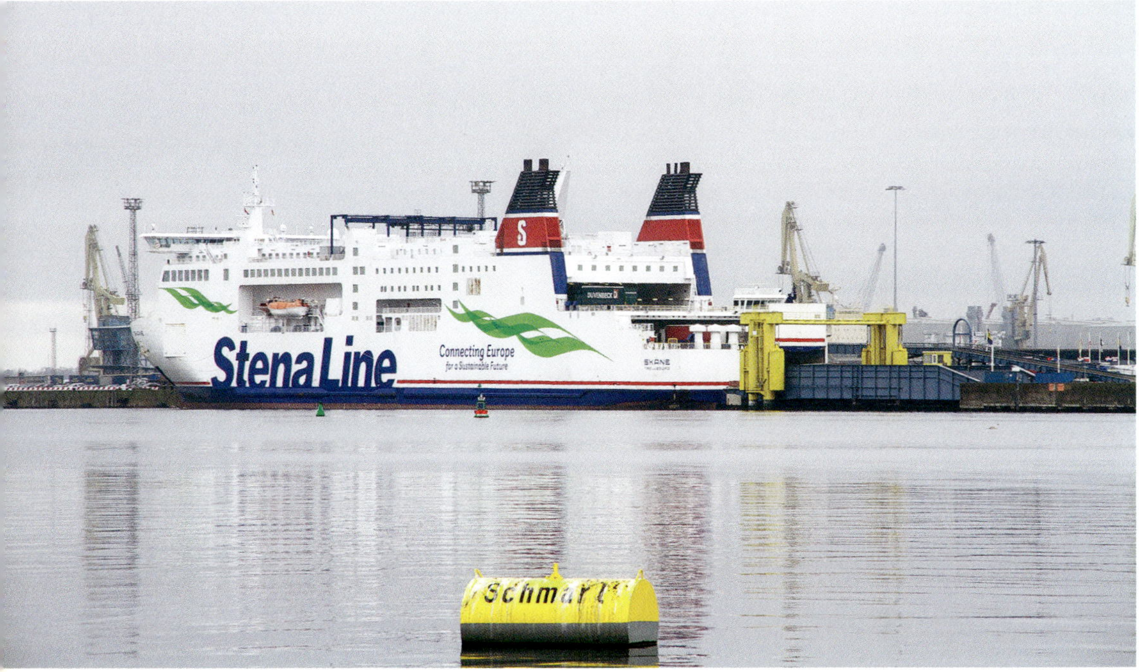
Stena Line
Connecting Europe
for a Sustainable Future
Schmarl

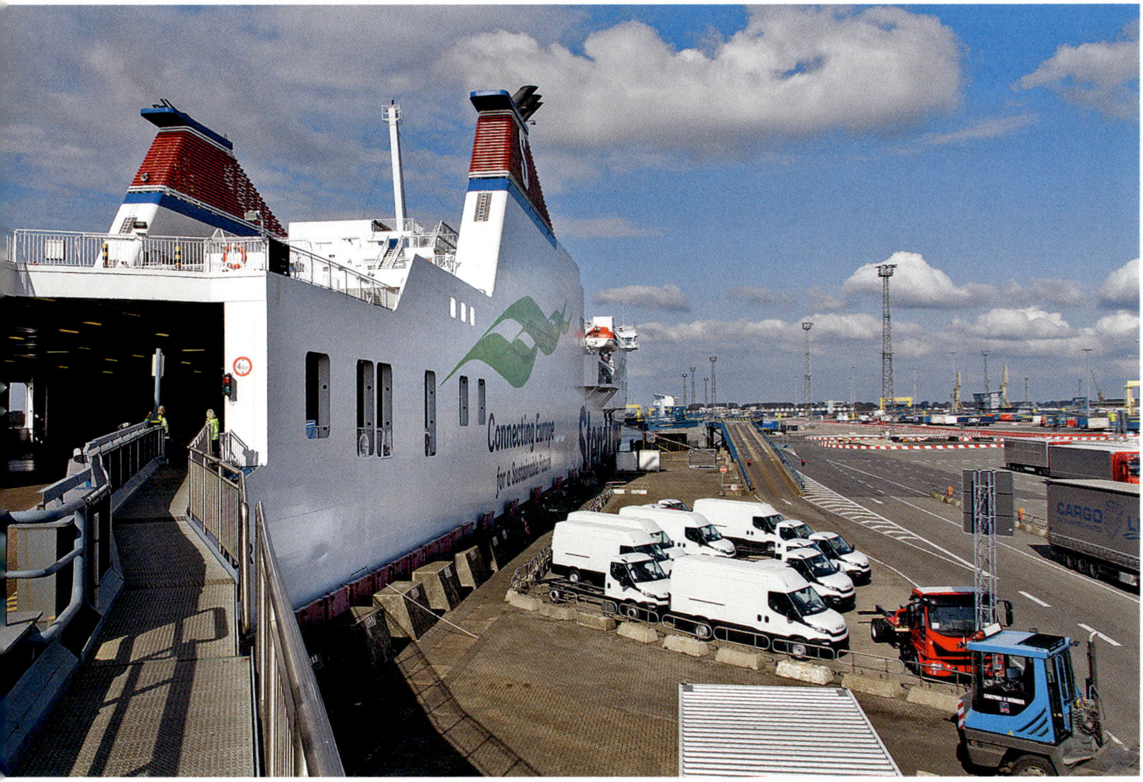
Connecting Europe
for a Sustainable Future
CARGO

Die MECKLENBURG-VORPOMMERN liegt nach ihrer Überfahrt von Trelleborg fest vertäut am Rostocker Fährterminal.

Stena Line

Blick über die Einfahrt zum Rostocker Fährterminal. Dort stehen einige Schwerlasttransporte, die auf ihre Verschiffung warten. Im Hintergrund ist die SKÅNE zu sehen.

Ein Sattelauflieger wird über die vordere Rampe am LP 64 an Bord der MECKLENBURG-VORPOMMERN gebracht.

Die Scandlines-Hybridfähre COPENHAGEN durchfährt den Rostocker Seekanal. Im Hintergrund kreuzt die Warnow-Fähre WARNOW, welche die Stadtteile Warnemünde und Hohe Düne verbindet.

Mit bereits geöffnetem Hecktor tastet sich das Eisenbahnfährschiff MECKLENBURG-VORPOMMERN rückwärts an den Fähranleger 64.

Die TOM SAWYER, die seit 2001 zwischen Rostock und Trelleborg verkehrt, passiert an einem warmen Frühsommerabend das Warnemünder Molenfeuer.

Blick über die sich noch in oberer Endlage befindende Fährbrücke am LP 64 auf das Fährschiff MECKLENBURG-VORPOMMERN.

Die COPENHAGEN liegt spätabends am Fähranleger 54. Gut zu erkennen ist die aufgelegte Oberdeckrampe.

Das Fährcenter am Rostocker Fährhafen beherbergt die Büros der Reedereien, einen Wartesaal für Reisende, ein Bistro, sanitäre Einrichtungen und Ticketautomaten für Reisende ohne Fahrzeug.

Am LP 54 hat um 21 Uhr das aus Gedser kommende Fährschiff COPENHAGEN festgemacht.

Auf der sogenannten Wendeplatte vor dem Fährhafen drehen die Schiffe, bevor sie rückwärts ihren Liegeplatz anlaufen.

Die SKÅNE, die hier durch den Seekanal fährt, ist ein Eisenbahnfährschiff der Stena Line. Sie ist 199 Meter lang und 29,6 Meter breit. Am rechten Bildrand liegt die AIDA MAR am Warnemünder Kreuzfahrtterminal.

Die Liegezeit der Fähren nach Gedser am LP 54 beträgt nur 15 Minuten, in denen das Schiff komplett ent- und beladen wird. Möglich macht dies eine Doppelstockrampe, mit der Haupt- und Oberdeck gleichzeitig bedient werden können.

Stena Line
Connecting Europe
for a Sustainable Future
SKÅNE
TRELLEBORG

Die SKÅNE wurde 1998 in Puerto Real (Spanien) gebaut und befährt seitdem die Route Rostock–Trelleborg. Hier wird sie am Fähranleger 64 entladen.

Hier läuft die SKÅNE in Warnemünde ein. Auf einer Länge von 102 Metern können Eisenbahnwagen von ihrem Hauptdeck mit einem Doppelaufzug auf zwei Gleisen in das Tankdeck abgesenkt werden.

Im Breitling, einer natürlichen Verbreiterung der Warnow, treffen sich die Fähren COPENHAGEN und MECKLENBURG-VORPOMMERN.

Vom Sonnendeck der BERLIN bietet sich beim Hafeneinlauf dieser Blick auf die Doppelstockrampe am LP 54 und die dahinter liegende HUCKLEBERRY FINN am LP 53.

Im Gegensatz zu Schiffen mit bordeigenen Rampen muss, wie hier am LP 64, bei Eisenbahnfährschiffen die Fährbrücke passgenau anliegen und in der Fähre „einrasten".

In einer regnerischen Novembernacht wird die HUCKLEBERRY FINN am LP 53 beladen. Passagiere ohne Fahrzeug gelangen über die Gangway an Bord.

Die Beladung der HUCKLEBERRY FINN am LP 53 ist abgeschlossen. Um 22.30 Uhr legt sie kurz darauf planmäßig nach Trelleborg ab.

Die 199,9 Meter lange und 28,9 Meter breite MECKLENBURG-VORPOMMERN hat auf der Wendeplatte gedreht und läuft rückwärts an ihren Liegeplatz.

Die Kopfstücke der beiden Oberdeckrampen am LP 54 werden nach dem Ende des Beladevorgangs hydraulisch hochgeklappt.

Die ROBIN HOOD begibt sich durch den Seekanal auf den Weg nach Trelleborg. Im Hintergrund erkennt man das Kohlekraftwerk am Überseehafen. Die Rauchsäule ist auf See schon von Weitem sichtbar.

Links sieht man die PETER PAN am LP 53. Sie wurde 2018 in Bremerhaven um 30 Meter verlängert. Dadurch erhöhte sich ihre Ladekapazität von 2.685 auf 3.670 Lademeter. Vor ihr liegt am Anleger 54 die COPENHAGEN.

Die 169 Meter lange und 25,4 Meter breite BERLIN verbindet genau wie ihr baugleiches Schwesterschiff COPENHAGEN die Häfen von Rostock und Gedser.

Die BERLIN läuft in Warnemünde ein. Dort wechselt die Hybridfähre in den Batteriebetrieb, um den Schadstoffausstoß im Hafen zu minimieren. Die Batterien wurden während der Fahrt auf offener See durch überschüssige Energie geladen.

Blick über die Hauptdeckrampe in das untere Ladedeck der HUCKLEBERRY FINN am LP 53. Die Fähre verfügt zudem über zwei Oberdecks, die man über die seitliche Rampe links im Bild bedient.

Im Vordergrund dieser Aufnahme sieht man die Fährbrücke des LP 66, dahinter einen derzeit nicht benötigten Ponton am LP 65. Im Hintergrund liegt die schwedische SKÅNE am LP 64.

Zur Beladung des Oberdecks der MECKLENBURG-VORPOMMERN dient sowohl eine Auffahrt am hinteren Teil des Anlegers als auch die im Bild erkennbare Rampe am Bug des Schiffes.

Die aus Schweden zurückkehrende MECKLENBURG-VORPOMMERN läuft in Rostock ein.

Seehafen Rostock

Die NILS DACKE bekam, anders als ihr Schwesterschiff ROBIN HOOD, neue Schornsteine mit umweltschonenden Abgaswäschern aufgesetzt.

Die Rangierlok 298 323-7 rollt mit einem Zug aus gedeckten Güterwaggons von Bord der MECKLENBURG-VORPOMMERN.

An einem kühlen Herbsttag passiert die vollbeladene SKÅNE die Hafenausfahrt in Warnemünde.

Blick entlang der Pier I im Hafenbecken A des Rostocker Überseehafens. Am LP 54 wartet die zur Abfahrt nach Gedser bereite COPENHAGEN.

Die schwedische SKÅNE ist das größte kombinierte Eisenbahnfährschiff der Welt. Sie verfügt über eine nutzbare Gleislänge von 1.110 Metern auf dem Haupt- und Unterdeck.

Die Gangway der Gedser-Fähren am LP 54. Die Passagiere, welche die Gedser-Fähren ohne Fahrzeug nutzen möchten, werden am Fährcenter von einem Shuttlebus abgeholt und zum Liegeplatz gefahren.

Nachts herrscht auf dem Hafengelände reges Treiben, da viele Fähren in den Abendstunden an- und ablegen.

Die Güterwagen, die aus Trelleborg trajektiert wurden, werden in den Güterbahnhof des Seehafens gebracht und dort auf verschiedene Züge verteilt.

Aus den Schornsteinrohren der Hybridfähre BERLIN dringt heller Qualm, da die Abgase von Scrubbern (Abgaswäschern) gereinigt wurden.

Blick über das Hafengelände vom südlichen Ende aus. Rechts warten Lkw auf der Vorstellfläche auf die Beladung der Fähre nach Trelleborg.

Die COPENHAGEN senkt ihre beiden bordeigenen Hauptdeckrampen passgenau auf die Fährbrücke am LP 54 ab. Damit das Schiff genau den richtigen Abstand zur Brücke einhält, steht mittig eine massive Dalbe.

Die TOM SAWYER ist 177,2 Meter lang, 26,5 Meter breit und verfügt über 2.200 Lademeter auf drei Decks.

Die COPENHAGEN schiebt sich rückwärts an ihren Liegeplatz.

Copenhagen
Gedser

Am LP 53 liegt die TT-Line-Fähre PETER PAN. Sie kam zuvor aus Travemünde, lädt weitere Fracht in Rostock und macht sich dann auf den Weg nach Trelleborg.

Der Warteraum im Terminalgebäude am LP 54. Hier warten die Passagiere nach der Fahrt mit dem Shuttlebus auf die Fähre nach Gedser.

4

Aktuell eingesetzte Fährschiffe

Derzeit laufen zehn Fähren regelmäßig den Rostocker Fährhafen an. Es handelt sich dabei um Schiffe von drei verschiedenen Reedereien: Stena Line, TT-Line und Scandlines. Stena Line setzt auf der Verbindung Rostock–Trelleborg die beiden Eisenbahnfährschiffe MECKLENBURG-VORPOMMERN und SKÅNE ein, die man 2012 von Scandlines erworben hat. TT-Line steuert den Hafen bereits seit 2001 bzw. 2002 mit den Schwesterschiffen TOM SAWYER und HUCKLEBERRY FINN an. Mit dem flexibler gestalteten Fahrplan ab 2014 folgten auch die restlichen vier Fähren der Flotte. Scandlines setzt seit 2016 auf der Linie Rostock–Gedser die beiden neugebauten Hybridfähren BERLIN und COPENHAGEN ein. Die beiden Schiffe ersetzten die in die Jahre gekommenen IC-Fähren PRINS JOACHIM und KRONPRINS FREDERIK.

Die folgenden Seiten präsentieren einen Überblick über die technischen Daten aller eingesetzten Schiffe (Stand: 2018), zeitlich sortiert nach ihrem ersten Einsatz ab Rostock.

Die NILS HOLGERSSON läuft auf ihrer Rückfahrt aus Trelleborg in Rostock ein. Nach einem kurzen Aufenthalt fährt sie weiter nach Travemünde.

Mecklenburg-Vorpommern

Baujahr:	1996
Bauwerft:	Schichau Seebeckwerft, Bremerhaven
Route:	Rostock–Trelleborg
Reederei:	Stena Line
Länge über alles:	199,95 m
Breite:	28,90 m
Tiefgang:	6,20 m
BRZ:	37.987
Leistung:	25.200 kW
Geschwindigkeit:	21 Knoten
Passagiere:	600
Lademeter:	3.200 m
IMO:	9131797

Skåne

Baujahr:	1998
Bauwerft:	Astilleros Españoles, Puerto Real, Spanien
Route:	Rostock–Trelleborg
Reederei:	Stena Line
Länge über alles:	199,00 m
Breite:	29,60 m
Tiefgang:	6,50 m
BRZ:	42.705
Leistung:	28.960 kW
Geschwindigkeit:	21 Knoten
Passagiere:	600
Lademeter:	3.295 m
IMO:	9133915

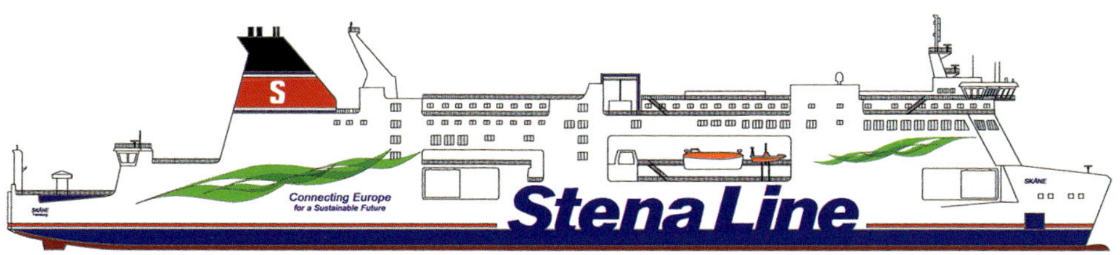

Tom Sawyer

Schwesterschiff: Huckleberry Finn

Baujahr: 1989 (1988)
Bauwerft: Schichau Seebeckwerft, Bremerhaven
Route: Rostock–Trelleborg, Rostock–Travemünde
Reederei: TT-Line
Länge über alles: 177,20 m
Breite: 26,50 m
Tiefgang: 5,70 m
BRZ: 26.478
Leistung: 14.800 kW
Geschwindigkeit: 20 Knoten
Passagiere: 400
Lademeter: 2.200 m
IMO: 8703232 (8618358)

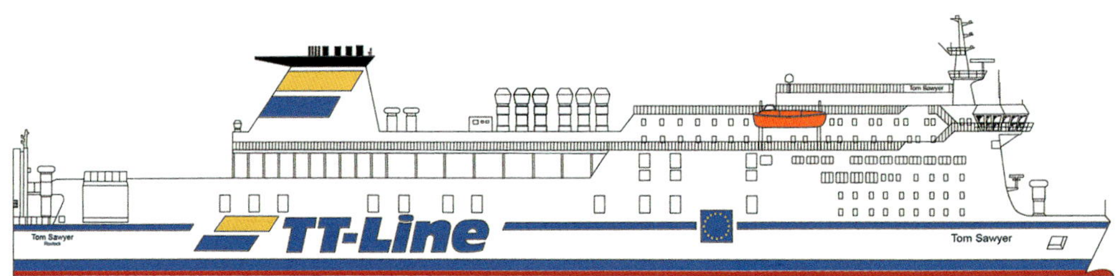

Robin Hood

Schwesterschiff: Nils Dacke

Baujahr: 1995
Bauwerft: Finnyards, Rauma, Finnland
Route: Rostock–Trelleborg
Rostock–Travemünde
Reederei: TT-Line
Länge über alles: 179,30 m
Breite: 27,53 m
Tiefgang: 6,00 m
BRZ: 26.790
Leistung: 26.000 kW
Geschwindigkeit: 18,5 Knoten
Passagiere: 300
Lademeter: 2.428 m
IMO: 9087477 (9087465)

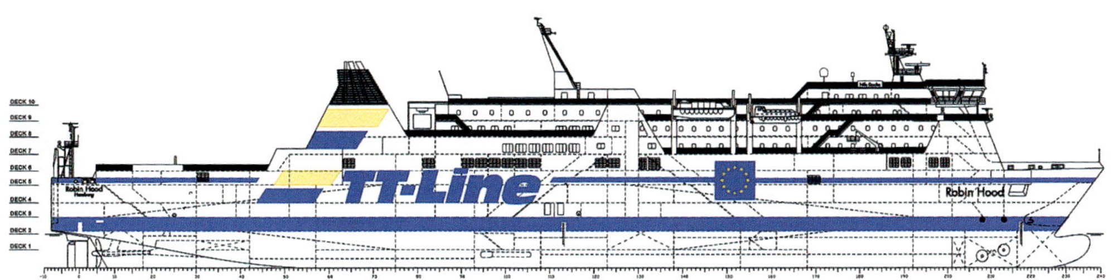

Nils Holgersson

Schwesterschiff: Peter Pan

Baujahr:	2001
Bauwerft:	SSW GmbH, Bremerhaven
Route:	Rostock–Trelleborg Rostock–Travemünde
Reederei:	TT-Line
Länge über alles:	190,00 m (219,95 m)
Breite:	29,50 m
Tiefgang:	6,20 m (6,50 m)
BRZ:	36.468 (44.245)
Leistung:	28.392 kW
Geschwindigkeit:	22 Knoten
Passagiere:	740
Lademeter:	2.685 m (3.670 m)
IMO:	9217230 (9217242)

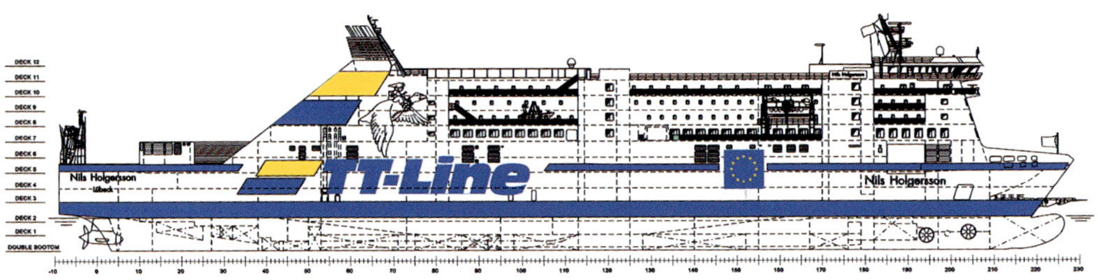

Copenhagen

Schwesterschiff: Berlin

Baujahr:	2012/2016
Bauwerft:	Volkswerft, Stralsund Fayard, Munkebo, Dänemark
Route:	Rostock–Gedser
Reederei:	Scandlines
Länge über alles:	169,00 m
Breite:	25,40 m
Tiefgang:	5,50 m
BRZ:	22.319
Leistung:	18.000 kW
Geschwindigkeit:	22 Knoten
Passagiere:	1.300
Lademeter:	1.600 m
IMO:	9587867 (9587855)

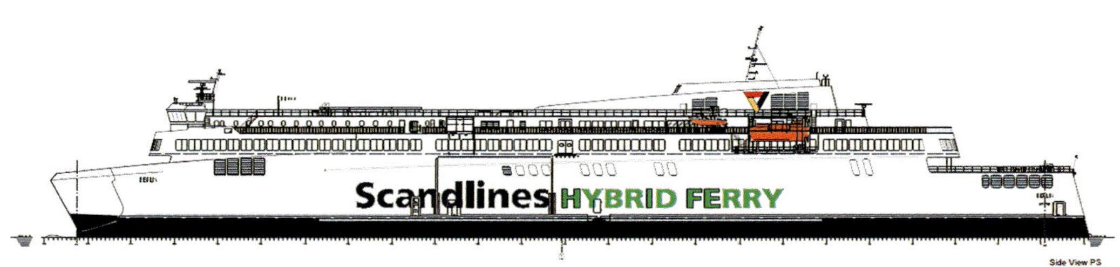

Die NILS HOLGERSSON durchfährt, begleitet von Ausflugsschiffen und Sportbooten, den Rostocker Seekanal.

Quellenverzeichnis

Foerster, Horst-Dieter/Kramer, Reinhard: *Brückenschlag über die Ostsee - Die Fährverbindung Rostock-Gedser.* Redieck & Schade, Rostock 2003.

Foerster, Horst Dieter/Kramer, Reinhard/Kramer, Wolfgang: *Die Schiffe der Königslinie.* Delius Klasing, Bielefeld 1981.

Hering, Wolfgang/Deinert, Gerhard: *Der Warnow-Fährterminal in Rostock.* In: Hafenbautechnische Gesellschaft (Hrsg.): Jahrbuch der Hafenbautechnischen Gesellschaft, Bd. 48, 29–31. Schiffahrts-Verlag Hansa, Hamburg 1993.

Kranz, Jens-Peter: *TT-Line.* In: Welt der Fährschiffahrt, 3. Jg., Ausgabe 1/96. Welt der Fährschiffahrt GbR, Lübeck 1996.

Kranz, Jens-Peter: *DSB Rederi übernimmt Europa-Linien.* In: Welt der Fährschiffahrt, 3. Jg., Ausgabe 3/96. Welt der Fährschiffahrt GbR, Lübeck 1996.

Kranz, Jens-Peter: *TT-Line : "Delphin" im Dienst.* In: Welt der Fährschiffahrt, 3. Jg., Ausgabe 3/96. Welt der Fährschiffahrt GbR, Lübeck 1996.

Meier, Holger: *Port News (Deutschland).* In: Welt der Fährschiffahrt, 3. Jg., Ausgabe 1/96. Welt der Fährschiffahrt GbR, Lübeck 1996.

Prignitz, Horst/Schreiber, Ingbert: *Der Hafen Rostock. Hafen-Entwicklungsgesellschaft,* Rostock 2010.

Ortel, Kai: *TT-Line through five decades.* Ferry Publications, Ramsey (Isle of Man) 2014.

Speckenbach, Michael: *DSB Rederi Europa-Linien A/S.* In: Welt der Fährschiffahrt, 3. Jg., Ausgabe 4/96. Welt der Fährschiffahrt GbR, Lübeck 1996.

Vesper, Dirk: *Wieder auf Expansionskurs : Seehafen Rostock.* In: Welt der Fährschiffahrt, 3. Jg., Ausgabe 3/96. Welt der Fährschiffahrt GbR, Lübeck 1996.

Die TT-Line-Fähre ROBIN HOOD passiert die Hafenausfahrt. Das rot-weiße Molenfeuer im Hintergrund wurde 1998 auf der neu gebauten Ostmole errichtet.

Buchhinweise

Der Skandinavienkai in Travemünde

Lars-Kristian Brandt

978-3-95400-365-5
19,99 €

Fährschifffahrt auf der Ostsee

Kai Ortel

978-3-86680-437-1
19,90 €

Die Schifffahrt zwischen Stettin und Rostock

Joachim Winde

978-3-95400-480-5
19,99 €

Die Sassnitzer Häfen und ihr Fährverkehr

Wulf Krentzien

978-3-86680-016-8
19,99 €